はじめに

政治なんて縁遠いものだと思っていませんか？
ですが、小中学生のあなたも消費税を払っていますから、
すでに立派な社会の一員です。
また、公立小学校・中学校の学費を払わなくていいのも、
教科書が無料なのも、
すべて社会全体で支え合う仕組みがあるからです。

世界に目を向けると、
高校生が政治の話をするのは当たり前です。
日本でも選挙権年齢が18歳になって、
ようやく世界に追いつきました。
政治は自分たちには無関係だなんて思わずに、
この本をきっかけに政治に関心を抱き、
学びを深めていってくれることを願っています。

2016年9月
ジャーナリスト 池上彰

池上彰さんと学ぶ

12歳からの政治

1

いちばん身近な憲法・人権の話

Gakken

池上彰さんと学ぶ
12歳からの政治 ①
いちばん身近な憲法・人権の話

もくじ

- 04 池上彰さんにインタビュー **憲法とは？**
- 06 この本の使い方

第1章 日本国憲法

STEP1｜導入編
- 08 5分前行動ってルールなの？

STEP2｜実践編
- 10 ルールが決まっていればもめることはなかったのかな？

STEP3｜解説編
- 12 ● 日本国憲法って何？
- 13 ● 国民主権ってどんな権利？
- 14 ● 平和主義ってどんな考え？

第2章 基本的人権

STEP1｜導入編
- 16 将来の夢はパティシエ

STEP2｜実践編
- 18 どうして学校に行かなきゃいけないの？

STEP3｜解説編
- 20 ● 個人を尊重する基本的人権って？
- 21 ● 基本的人権の種類
- 22 ● 国民の義務もあるの？

第3章 グローバル社会と人権

STEP1｜導入編
- 24 外国人の転校生がやってきた

STEP2｜実践編
- 26 外国の子と仲良くするにはどうしたらいいの？

STEP3｜解説編
- 28 ● いろいろな文化を受け入れよう
- 29 ● 文化のちがいを味わおう

第4章
新しい人権

STEP1｜導入編

32　うわさのかわいい女子中学生

STEP2｜実践編

34　わたしのプライバシーは守られないの？

STEP3｜解説編

36　● 情報化が進んで登場した人権

37　● SNS・スマホを使うときの注意

38　● ほかにはどんな新しい人権があるの？

第5章
性の多様性とジェンダー

STEP1｜導入編

40　友だちの好きな人を知っちゃった…

STEP2｜実践編

42　女の子が女の子を好きってあり？なんて言ったらいいの？

STEP3｜解説編

44　● 性の多様性と現代社会

45　● ジェンダー社会への取り組み

30　**コラム** わたしの国の給食

46　さくいん

47　教科書対応表

池上先生にインタビュー
憲法とは？

憲法ってどんなもの？　わたしたちの暮らしに関わりはあるの？
池上先生にお話を聞いてみましょう。

憲法は、何のためにあるのですか？

[わたしたち一人ひとりの自由に生きる権利を守るためです]

憲法には、わたしたちが守らなければならないルールがたくさん書かれていると思っていませんか？　実は、そうではないのです。

憲法とは、国としての「形」を決めるもので、世界各国にそれぞれの憲法があります。日本国憲法は、政治の主役（主権者）である国民が、国民の代表である国会議員を通じて定めました。これを「民定憲法」といいます。

どうして国民が、憲法を定めるのでしょう？　それは、わたしたち一般の国民が、権力を持つ人たち（国会議員・都道府県議会議員・市町村議会議員・公務員・裁判官など）や、天皇および皇族に対して「こういうルールを守りなさい」と示すためのものだからです。つまり、憲法はその国の権力者が守るべきものなのですね。

それでは、日本国憲法には何が書かれているのでしょう？　それは、国民が果たすべき三つの義務と、たくさんの「権利」です。

三つの義務は、日本という国を存続させるために定められています。①子どもに教育を受けさせ、②成長したら働き、③国を動かすための税を納めるというものです。

一方で権利は、わたしたちが生まれながらにして持つ「基本的人権」が、権力者の独裁や横暴によって、奪われることがないように定められています。国民の自由と権利を守っていくために、日本国憲法があるのですね。

どんな自由や権利が守られているんですか？

[学校に行けることも憲法のおかげといえます]

気がついていないだけで、みなさんの生活はさまざまな部分で日本国憲法と関わっています。学校で学べることも、その一つですね。

憲法では「教育を受ける権利」が保障されており、公立の小学校と中学校は、だれもが無料で通うことができます。

「何のために学校に行くの？」「学校の勉強は将来役に立つの？」なんて思う人

もいるかもしれません。しかしどんな職業であれ、みなさんの夢を実現するには、小学校や中学校で学んだことが基本になります。たとえばパティシエでしたら、食品衛生法という法律を理解するための国語力や社会科の知識、レシピを読むための英語力や算数の知識が必要ですね。

こうした日常で使うレベルの英語力や、社会に出て必要となる公民の知識が、実は小・中学校の教科書に載っているんです。ちなみにわたしの場合は、因数分解という数学の勉強が、難しいものをやさしく分解するための頭の訓練になり、今こうして、ニュースをわかりやすく解説する力につながったと思っています。

自由に意見が言えることも当たり前ではありません

日本国憲法の特徴として、ほかにも、「言論の自由」や「表現の自由」が挙げられます。つまり、言いたいことは何でも言っていい、ということですね。

たとえば中国や北朝鮮では、政治家の悪口を言ったらすぐに逮捕されます。しかし日本では、総理大臣のことを批判したからといって、処罰されるようなことはありませんよね？ いろんな意見を発言し合えるのが、日本国憲法の大きな特徴なんですね。

ただし、言論の自由といっても、人の名誉や心を傷つけるようなことは言わない、それだけは忘れないようにしましょう。

憲法を変えようという意見をニュースで聞きますが…

憲法が変わるとどのような影響があるのか考えてみましょう

憲法の内容を変更できるということは、憲法に書かれています。ですから、「憲法を改正しよう」という意見があることは、おかしいことではありません。意見が分かれているのは、主に憲法第9条の改正についてです。

第9条には「戦力を持たない、戦争をしない」と書かれていますが、日本には自衛隊があります。これまで政府は、「自衛隊は自国を守るためのもので、軍隊ではない」という立場をとっていましたが、最近は「自衛隊を軍隊として使えるようにしよう」という意見が出ています。そのために憲法第9条を改正しようというのです。

しかし、第9条の改正には多くの反対意見があります。国民からも「日本は戦争をするようになるの？」と不安の声が聞かれます。

憲法改正をするかどうかは、国会で話し合うだけではなく、その後の国民投票によって決まります。つまり、18歳以上の国民全員が意見を求められるのです。あなたも自分だったらどうするか、考えてみましょう。

この本を読んでくれるあなたへ一言

当たり前のように思える生活も、実は日本国憲法によって守られています。たとえば学校へ行けるのも、火事のときに消防車がすぐにかけつけてくれるのも、その一つです。

わたしたちは憲法でどんなことを保障されているのか、ぜひ一度、憲法の条文を読んでみてくださいね。そして、政府は憲法のどの部分をどう変えようとしているのか、そのことによって、わたしたちの生活にどのような影響があるのかも、しっかり考えていきましょう。

この本の使い方

一緒に学んでいきましょう！

この本では、政治に関するテーマを身近な例で勉強できます。
①導入編→②実践編→③解説編の3ステップで、楽しく政治を学びましょう！

STEP 1 マンガで興味を持つ

各章の始めは導入のマンガページ。日常に起こりそうなストーリーで、興味がわきます。

登場人物の疑問で、問題意識が生まれる！

自分にも起こりうる例だから、身近に感じる！

STEP 2 実践編で考える

さまざまな人の視点で、マンガの中の争点を振り返るページ。自然と自分の意見が持てるようになります。

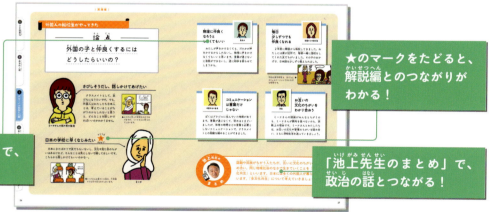

★のマークをたどると、解説編とのつながりがわかる！

教室での議論のようで、考えが深まる！

「池上先生のまとめ」で、政治の話とつながる！

STEP 3 解説編で知る・わかる

各章のテーマを解説し、学びを深めるページ。マンガであつかった内容なので、スラスラ頭に入ってきます。

図解や写真が豊富だから、読みやすい！

教科書にそった解説で、しっかり学べる！

さあ始めよう！

〈第1章〉日本国憲法

この章のポイント

みなさんの生活を守ってくれる
日本国憲法の基本原則を
学んでいきましょう

| 導入編 |

5分前行動ってルールなの？

今日は遠足。8時半の集合時刻に間に合うように生徒たちが登校してきました。けれども、みんなが集まってきた時間はバラバラで…。

| 実践編 |

5分前行動ってルールなの？

論 点

ルールが決まっていれば
もめることはなかったのかな？

言われていることは守って当然！

先生がいつも5分前行動と言っているのだから、守るのが当たり前。たとえ集合時間に間に合っていても、早めにきていた人が待たないといけなくなるし、ギリギリにくるのはよくない。

集合時間前にいた生徒

▲5分前にこなかった生徒に対し、非常識だとおこります。

迷惑をかけていないから問題ない！

集合時間にはきちんと全員が間に合ったんだし、責められるなんて納得がいきません。ほかの人に迷惑をかけないように気をつけさえすれば、そもそもルールなんて必要ないと思います。

◀5分前にこなければいけないというきまりはないと主張します。

ギリギリに来た生徒

1 日本国憲法
2 基本的人権
3 グローバル社会と人権
4 新しい人権
5 性の多様性とジェンダー

ルールを細かく決めておいてほしかった

ギリギリに来て謝った生徒

5分前にこなければいけないと決まっていたら、その通りきていました。もめるくらいなら、たとえばおかしの金額や服装まで、細かくルールを決めてほしいです。

5分前にこなかったことを謝り、もめごとをおさめようとします。▶

早くきすぎないためのルールも必要

生徒A

早くくればくるほどいいという考え方もおかしいと思います。集団で行動するなら、全員が同じくらいの時間にきたほうが、輪を乱さないのではないでしょうか。

集合時間の20分前にきていた生徒もいました。▶

ルールをつくるときはみんなで話し合うべき

生徒B

5分前に集まるというルールはもともとなかったので、今回は仕方ないと思います。今回みたいにもめないようにルールを決めるのなら、クラスみんなで意見を出し合って、公正に決めるべきだと思います。

最低限のルールだけを決めておくべき

生徒C

たくさんルールがあると、学校生活がきゅうくつになってしまいます。だから、むやみにルールをつくらずに、今回のようにクラスで意見が分かれたときに相談していけばいいと思います。

池上先生のまとめ

ルールがあると、いろいろな意見をまとめ、自分勝手な行動を防ぎ、権利を守ることができます。国や地域にはさまざまなルール（「法」）があり、日本の「法」には、憲法、法律、命令や規則などがあります。

| 解説編 |

日本国憲法って何？

日本国憲法は国の最高法規、つまり日本で最も強い力を持つ法です。

憲法はいつできたの？

権力者に人々の権利が奪われないように「法にもとづく政治を行う」という考えは、17世紀のイギリスで高まり、18世紀末にはアメリカで憲法が制定されました。日本では、明治時代の**1889年**に**大日本帝国憲法が発布**され、法律の範囲内での人権が認められました。現在の**日本国憲法は、第二次世界大戦後の1946年11月3日に公布**されました。

法の優先順位

憲法 — 国民が定め、国が守る
法律 — 国が定め、国民が守る
命令・規則

憲法は国の権力を制限して国民の人権を守ります。このような考え方を立憲主義といいます。

▲上位の法ほど、強い効力を持ちます。下位の法が、上位の法に反するときは無効となります。すべての法律は憲法にもとづいています。

日本国憲法の3つの原則って？

日本国憲法は、第二次世界大戦前の**軍事力を最優先する考え方（軍国主義）への反省**にもとづいて制定されました。**国民による国民のための政治や世界との協調**を実現するために、3つの考え方を基本原則としています。

国民主権
→13ページ

政治は国民の意思にもとづいて行われ、最終決定権は国民にある。

基本的人権の尊重
→20ページ

人間が生まれながらに持っている、侵すことのできない永久の権利。

平和主義
→14ページ

戦争を放棄し、戦力も持たず、世界の恒久平和のために努力する。

> くわしく ▶ **アメリカ合衆国憲法**：18世紀末に成立。人民主権・連邦制（州ごとの自治）・三権分立を柱とした世界初の近代的な成文憲法。

国民主権ってどんな権利？

主権とは、国の政治のあり方を決める権限です。日本国憲法では、国民にあると定められています。

主役は国民 天皇は象徴

大日本帝国憲法では、国の政治の決定権は天皇にありました。一方、**日本国憲法では、政治の主役は国民です**。国民が選んだ国民の代表者（国会議員）が国会で議論し、国の政策を決定します。

天皇は国や国民の象徴として、政治的な権限は持たず、憲法で定めている仕事のみを行います。

憲法って変えられるの？

日本国憲法ができて70年ほどですが、**これまで改正されたことはありません**。しかし、正式な手続きをすれば、改正することができます。

ただし、憲法は国の最高法規であるため、改正には一般の法律よりも慎重な手続きが必要です。改正に向けた動きは以前からおこっていますが、反対意見も多いため、十分に議論することが必要です。

大日本帝国憲法と日本国憲法のちがい

大日本帝国憲法		日本国憲法
欽定憲法（君主が定めた憲法）	性格	民定憲法（国民が定めた憲法）
天皇	主権者	国民
法律の範囲内で認められる	国民の権利	永久不可侵の基本的人権を保障 →20ページ
兵役、納税、（教育）	国民の義務	教育、勤労、納税 →22ページ
各大臣が天皇に責任を負う	内閣	議院内閣制 →3巻
天皇が決めたことに同意する機関	議会	国権の最高機関、唯一の立法機関
衆議院（国民の選挙）と貴族院（皇族、華族）	議院	衆議院と参議院 →3巻
天皇の名において裁判	裁判所	司法権は独立
天皇の発議の後、帝国議会の議決	憲法改正	国会の発議の後、国民投票

憲法改正の流れ

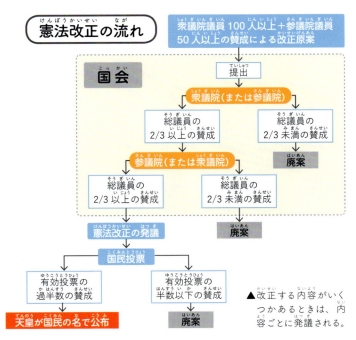

▲改正する内容がいくつかあるときは、内容ごとに発議される。

くわしく 大日本帝国憲法：君主の権限が強いドイツ（プロシア）憲法を参考に草案がつくられ、1889年2月11日に明治天皇によって発布された。

| 解説編 |

平和主義ってどんな考え?

軍国主義によって、戦争で多くの犠牲者を出した反省から定められた考え方です。

二度と戦争はしない

日本は第二次世界大戦で他の国の人々を傷つけ、日本人にも多くの犠牲者を出しました。そこで日本国憲法には、**戦争を放棄**して、国際協調のもと**世界の恒久平和に貢献する**と明記されています。

さらに原子爆弾の被害を受けた日本は、**核を「持たず、つくらず、持ちこませず」の非核三原則**を掲げています。

日本を守るための日米安全保障条約

日本は防衛のために、アメリカと**日米安全保障条約**を結んでいます。これは、日本が他の国から攻撃されたとき、**アメリカが日本と協力して日本を守ってくれる**というものです。その代わり日本は、日本の領域内にアメリカ軍が駐留することや基地を設置することを認めています。

▲沖縄県の王城寺原演習場では、日本の自衛隊員とアメリカ軍との共同で実弾射撃訓練が行われている。

日本国憲法第9条(戦争の放棄)

①日本国民は、正義と秩序を基調とする国際平和を誠実に希求し、国権の発動たる戦争と、武力による威嚇又は武力の行使は、国際紛争を解決する手段としては、永久にこれを放棄する。
②前項の目的を達するため、陸海空軍その他の戦力は、これを保持しない。国の交戦権は、これを認めない。

「駆けつけ警護」は、PKOのスタッフなどが襲われたら、助けに行く任務です。危険を指摘する声もあります。

MEMO 安保法とは?

『安全保障関連法』のこと。集団的自衛権(同盟関係にある国が攻撃を受けたときに、その国の防衛活動に参加する権利)の行使を認めています。安保法にもとづき、2016年には「駆けつけ警護」の任務が可能になりました。

自衛隊の役割は?

自衛隊は日本の防衛を担う一方で、**国際平和協力法(PKO協力法)**にもとづいた**国際貢献活動**を行っています。現在は、2011年にできた南スーダンという国での国連平和維持活動(PKO)や、アフリカのソマリア沖の海賊を対処するための船舶の護衛などにあたっています。

また、東日本大震災や熊本地震など、**災害が起きたときの救援活動**も重要な任務です。

くわしく ▶ 国連平和維持活動(PKO):世界各地における紛争の解決のための停戦の監視や、選挙の監視などの活動。

〈第2章〉基本的人権

この章のポイント
日本国憲法に定められ、暮らしとも関わりが深いわたしたちの権利について学んでいきましょう

| 導入編 |

将来の夢はパティシエ

学校で学んでいることって、社会に出てから本当に役に立つの？
あるところに興味のあることだけを勉強したい女の子がいて…。

わたしの将来の夢は
パティシエに
なること！

毎日ケーキやおかしを
つくって

暮らしていたい…

それなのに

苦手な体育や

勉強を…

| 実践編 |

将来の夢はパティシエ

論点
どうして学校に行かなきゃいけないの？

ヒントを
さがそう！

パティシエになりたい子

将来の夢に学校の勉強は役に立たない

学校で学んでいる教科が、パティシエになるために役に立つとは思えない。なりたい職業が決まっている人は、無理に学校に行かずに、将来必要になることだけを勉強すればいいと思います。

▲パティシエになるために、一日も早くおかしづくりの勉強をしたいと思っています。

学校はいろいろなことを学ぶところ

学校は勉強や実技科目以外にも、部活動や委員会など、いろいろな集団行動を通して、人としての生き方を身につけていくところです。勉強だけのために学校に行くのではないのですよ。また、パティシエの場合、レシピを読むのに英語力や計算力も必要になるかもしれませんね。

レシピが英語で書かれていたり、先生が外国人だったりする可能性を指摘しています。

先生

社会に出る前に最低限の学力を身につけてほしい

お母さん

将来の夢を持つことは、とてもいいことだと思います。でも、働きはじめたときに困らないように、基本的な学力は身につけてほしいです。だから学校にはきちんと行って、卒業してもらいたいです。

お母さんは学校をさぼることを許してくれません。

好きな教科だけを勉強していたい

生徒A

ぼくは体育と歴史の授業が好きで、それ以外は苦手です。将来の夢はとくに決まっていないけれど、好きな教科だけを勉強していいなら、学校がもっと楽しくなると思います。

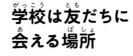
体育が苦手な生徒がいる一方で、体育が得意な生徒もいます。

勉強して有名な高校や大学に入りたい

生徒B

ぼくはすべての教科をしっかり勉強して、有名な高校や大学に進学したい。学校の授業は進み方も全国でほとんど変わらないし、勉強するチャンスが平等に与えられているので、学校がなくなったら困ります。

学校は友だちに会える場所

生徒C

勉強やスポーツが苦手でも、学校に行けば友だちに会えるので、わたしは学校が好きです。もし学校にきたい人だけがきていたら、出会える友だちも限られてしまうので、わたしはつまらないと思います。

池上先生のまとめ

国の将来を背負うのは、子どもたちです。そのために憲法には「子どもに教育を受けさせる義務」が定められています。あなたには義務教育を受ける権利があり、この権利は基本的人権のうちの、社会権の一つです。

| 解説編 |

個人を尊重する基本的人権って？

基本的人権とはどのようなもので、わたしたちの生活とどのような関係があるのでしょうか？

基本的人権って何？

基本的人権は、**わたしたちが生まれながらに持っている権利**です。「すべての人は、かけがえのない個人として尊重される」という考えにもとづいています。

この権利があるからこそ、わたしたちは自由に生き、安心して暮らすことができます。**国やいかなる権力も、この基本的人権を侵害できません。**

子どもにも人権はあるの？

基本的人権はすべての人に保障されています。ただし、子どもには飲酒や喫煙の禁止など、制限もあります。大人と同じ権利を与えられて、正しい判断ができずに傷ついてしまうことのないよう、親の保護を受ける必要があるのです。それでも一人の個人として尊重されることに変わりはありません。

日本は国際連合で採択された「**子ども（児童）の権利条約**」にも同意しています。

人権が保障されるといっても限界があります。自分の権利を優先して、人に迷惑をかけてはいけません。

MEMO 公共の福祉

個人の自由や人権は大切なものですが、他人の権利や社会の利益も尊重しなくてはなりません。憲法には、自由や権利を「公共の福祉（みんなの幸せ）」のために利用しましょうと定められています。

日本国憲法第11条

国民は、すべての基本的人権の享有を妨げられない。この憲法が国民に保障する基本的人権は、侵すことのできない永久の権利として、現在及び将来の国民に与へられる。

子どもの権利条約の4つの柱

生きる権利
病気になったりけがをしたときに、必要な治療を受けられること。必要な予防接種などを受け、命を失わないこと。

育つ権利
年齢に合った教育を受け、遊んだり、休んだりできること。自由にものを考えたり、自分らしく育つことができること。

守られる権利
あらゆる虐待や搾取から守られること。障がいのある子ども、少数民族の子どもなどは特別に守られる権利を持っている。

参加する権利
自分の意見を自由に伝えたり、みんなの前で発表したり、グループをつくって自由な活動をしたりできること。

くわしく 子どもの権利条約：子どもの基本的人権を、国際的に保障するために定められた条約。

基本的人権の種類

基本的人権にはいろいろな種類があります。どんな権利が保障されているのでしょうか？

■ 平等権　→28ページ

すべての国民は、性別や人種、信条、身分、政治的・社会的な関係などを理由に、**差別されないことを保障する権利**です。

■ 自由権

国やいかなる権力からも制約を受けず、自分の意思で職業を選んだり、自由に物事を考えたりするなど、**自分の生き方を自由に決められる権利。**

精神の自由	思想、信教、表現・学問の自由など
身体の自由	不当な理由で身体を拘束されないこと
経済活動の自由	好きな場所に住み、職業を自由に選べること

■ 社会権

万が一、生活に困ったときは、人間らしく生活できる最低限の生活を満たせるように、**国に対して助けを求める権利。**

生存権	健康で文化的な最低限度の生活を営む権利
勤労の権利	働く意思のある人が働く機会を求める権利
教育を受ける権利	すべての子どもが学校で学習することを保障する権利
労働基本権	労働者が使用者と対等な関係で働く権利

ヒント1

■ 基本的人権を守るための権利

国民には基本的人権が保障されていますが、それと同時に**国民が基本的人権を守るための権利**も認められています。

参政権　→2巻	選挙で投票や立候補して政治に参加する権利
請求権	裁判を受けるなど国に救済を求める権利

くわしく ▶ **義務教育**：小・中学校の9年間。日本国憲法では「教育を受ける権利」を保障し、義務教育を無償としている。

| 解説編 |

国民の義務もあるの？

憲法で保障されている権利を支えていくために、国民には憲法に定められた義務があります。

国民が果たすべき3つの義務

憲法では、国民のさまざまな権利が保障されていますが、それとともに国民が果たすべき義務についても定められています。
国民の三大義務と呼ばれるもので、**子どもに普通教育を受けさせる義務、勤労の義務、納税の義務**があります。国民の義務は、社会のしくみを支えていくうえで、とても重要なものです。

▲授業を受ける小学校の生徒たち。

国は税金で動いていますから、税金を納めるために働き、働くために教育を受ける必要があります。

日本国憲法第26条
① すべて国民は、法律の定めるところにより、その能力に応じて、ひとしく教育を受ける権利を有する。
② すべて国民は、法律の定めるところにより、その保護する子女に普通教育を受けさせる義務を負ふ。義務教育は、これを無償とする。

普通教育を受けさせる義務
子どもの「教育を受ける権利」を保障するため、保護者である大人に課せられた義務です。

勤労の義務
働くことは義務でもあり、権利でもあります。能力に応じて働くことで、社会を支えます。

納税（税金を納める）の義務
税金にはさまざまな種類があり、どんな人がどんな税を納めなくてはならないのか法律で定められています。

> **くわしく** ●普通教育：専門的な教育ではなく、すべての国民に共通して必要とされる、基本的な知識や能力を養うための教育。

〈第3章〉グローバル社会と人権

この章のポイント

いろいろな国籍や文化を持つ人々と暮らしていくために、どのような取り組みが行われているのか学びましょう

| 導入編 |

外国人の転校生がやってきた

ある日、クラスに外国人が転校してきました。
言葉はもちろん、文化のちがいにとまどってしまい…。

1 日本国憲法
2 基本的人権
3 グローバル社会と人権
4 新しい人権
5 性の多様性とジェンダー

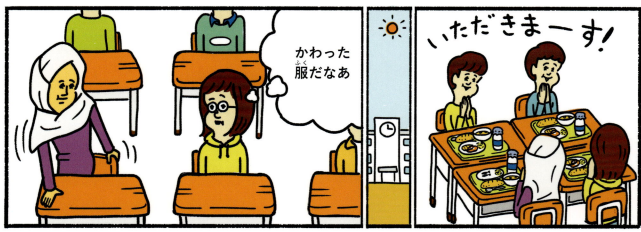

| 実践編 |

外国人の転校生がやってきた

論点
外国の子と仲良くするにはどうしたらいいの？

さびしそうだし、話しかけてあげたい

クラスメイトとして、友だちになりたいです。でも、外国人はわたしたち日本人とは、考えていることがちがうのかもしれないと思うと、どんなことを話しかければいいのかわかりません。

ミーナさんの隣の席の生徒

▲よかれと思って給食をわけてあげますが、ミーナさんに断られてしまいます。

日本の学校に早くなじみたい ヒントを1 さがそう！

日本にきたばかりで友だちもいないし、文化や見た目のちがいはあるけれど、そんなことは気にしないで接してほしいです。こちらから話しかけてもいいのかな…。

◀ミーナさんは着ている服を、不思議そうな目で見られてしまいます。

ミーナ

無理に仲良くなろうとしなくてもいい

生徒A

わたしが声をかけなくても、だれかが声をかけるかもしれないし、無理に声をかけなくてもいいと思います。言葉が通じないと会話ができないし、逆に相手を困らせてしまうかも。

毎日少しずつでも仲良くなれる

韓国からの転校生

2年前に韓国から転校してきました。わたしには家が近所で、毎朝一緒に登校をしてくれた友だちがいました。その子のおかげで、日本語を少しずつ覚えられました。

▶ 学校の通学時間も、友だちとコミュニケーションできる大切な時間です。

コミュニケーションは言葉だけじゃない

帰国子女の生徒

ぼくはブラジルに住んでいた時期があります。言葉が通じなくて、初めはとまどいましたが、体育の時間などの言葉を必要としないコミュニケーションで、クラスメイトとの距離を縮めることができました。

お互いの文化のちがいをわかり合おう

先生

ミーナさんの服装がみんなとちがうのも、ミーナさんが豚肉を食べないのも、宗教上の理由です。ミーナさんとわたしたちは、お互いの文化や習慣のちがいを認め合い、ともに学校生活を送っていきましょう。

池上先生のまとめ

国籍や民族がちがう人たちが、互いに文化のちがいを認め合い、同じ地域社会のなかで生きていくことを「多文化共生」といいます。日本には多くの外国人が暮らしています。「多文化共生」について考えていきましょう。

| 解説編 |

いろいろな文化を受け入れよう

さまざまな言葉や文化、価値観が共存する社会では、どのような視点が必要でしょうか？

日本で暮らす外国人が増えている

日本で暮らしている外国人には、中国や韓国、フィリピンなどアジア出身の人たちや、ブラジルやペルーなど南アメリカ出身の日系人（かつて移住した人や、その子孫）が多くいます。文化のちがいを理解し合い、お互いを尊重し、助け合うために、教育や社会保障のサポートが行われています。

▲日本で暮らす外国人児童とのサッカー交流のようす。

各地域での国際交流イベントとして、スポーツ大会や音楽会などが増えています。

外国ではどんな取り組みをしているの？

グローバル化が進んだ世の中では、世界に共通する人権保障が求められます。1948年には国際連合が中心となって、世界人権宣言が採択され、世界各国の人権保障のお手本となっています。その後も国際人権規約をはじめ、さまざまな目的を掲げる人権条約がつくられました。

さまざまな人権条約 （※日本が採択した年）

1965年	人種差別撤廃条約
1966年	国際人権規約
1979年	女子差別撤廃条約
1984年	拷問等禁止条約
1989年	子ども（児童）の権利条約 →20ページ
2006年	障害者権利条約

人権を守るためにできることは？

人権を守るということは、すべての人が自立して生きられる社会をつくることです。障がいがあっても働きやすい社会や、高齢者や身体が不自由な人でも暮らしやすいバリアフリー社会の実現、あらゆる人が使いやすい形であるユニバーサルデザインの開発なども、多様な社会を支える取り組みの一つです。

MEMO 差別の克服

世界には人種、部落、性別、障がいなどあらゆる差別をなくすための条約があります。日本では雇用に関する女性差別を禁止する、男女雇用機会均等法などが制定されました。

くわしく▶ 世界人権宣言：民族や宗教などのちがいを超えて、すべての人の人権を認めた宣言。

文化のちがいを味わおう

世界のさまざまな国や地域には、その土地の歴史や風土に育まれた多様な文化があります。

宗教や民族の多様性とその課題

世界には**さまざまな宗教や民族があり、生活習慣などもそれぞれ異なります。**とはいえ、多くの国では異なる文化を持つ人々が、お互いを尊重して生活しています。

一方、宗教や民族のちがいが争いを生んでいる国や地域もあり、解決に向けた努力が続けられています。

▲イラクでは、同じ宗教でも考え方がちがうという理由で争いが起こっている。

世界の三大宗教

キリスト教

仏教

イスラム教

文化の多様性を守る国際社会の取り組み

UNESCOの提案で結ばれた**世界遺産条約**は、国や地域によって特徴のある文化を守るために、世界の貴重な**自然や文化財を世界遺産として登録し、保護すること**が目的です。2001年には「文化の多様性に関する世界宣言」が採択され、文化の多様性は「人類共通の遺産である」と位置づけられました。

▲ペルーのアンデス山脈にある世界遺産「マチュピチュ」。

> くわしく ▶ **UNESCO**（国際連合教育科学文化機関）：教育・科学・文化の発展を目指して活動する、国際連合の機関の一つ。

海外 くらべてみよう

海外レポート

わたしの国の 給食

給食は世界各国でさまざまです。給食から、世界中の食文化のちがいを見てみましょう。

イギリス

この日の献立は、パスタ・ブロッコリー・パン・くだものです。野菜とくだものを、一品ずつ出すことが決められています。

アメリカ合衆国

パンや、肉が多いのが特徴です。いくつかのサラダのなかから食べたいものを選ぶ「サラダバー」のある学校も。

大韓民国

韓国では、給食にもキムチが登場。おかずは肉をつかった野菜料理で、主食にごはん、さらにほうれん草のスープ、海藻サラダなどが出ます。

日本

キューバ

右下はクロケット（コロッケのような揚げもの）、左上は豆のスープ、左下はプランテンというバナナに似たくだものを揚げたものです。

フランス

伝統的なフランスの給食は、ごはん・サーモン・ラタトゥイユ（夏野菜を煮込んだもの）・フルーツ入りのサラダ。パンやドーナツもつきます。

フィリピン

フィリピンの学校には、給食の制度がありません。この日は、首都マニラの貧しい地区の子どもたちのために、地元の教会がカレーを配りました。

〈第4章〉新しい人権

月 日

この章のポイント
憲法には書かれていない、時代にそって新しく生まれた人権について学びます

| 導入編 |

うわさのかわいい女子中学生

みんなでとった、なにげない写真。
しばらくするとSNS上で、そのときの写真が話題になっていて…。

※リツイート…ほかの人の投稿（ツイート）を、自分のSNSで再び投稿すること

| 実践編 |

うわさのかわいい女子中学生

論 点

わたしのプライバシーは守られないの？

勝手に写真を公開されたくない

わたしの許可もなく勝手に、プライベート写真をSNSにアップするのは非常識だと思います。自分の写真だけならいいけど、一緒に写っている人の気持ちも考えてほしい。

ななみ

▲知らない間に自分の写真がSNSにアップされていたことを知り、驚きます。

こんなに話題になるとは思ってなかった…

自分がSNSにアップした写真が、ここまで話題になってしまったことに驚きました。いつもSNSをチェックし合っている友だちにだけ、写真を共有したつもりだったのに…。

◀みさきさんは、友だちとの楽しかった思い出をSNSにアップしました。

みさき

SNSの持ち主に決める権利がある？

ヒントをさがそう！ 2

生徒A

みさきちゃんのSNSだから、のせる写真はみさきちゃんが決めていいのでは？悪口を言われているわけではないし、怒るほどではないと思います。公開されて恥ずかしい写真なら嫌だろうけど…。

なぜ写真を公開するのかわからない

ななみの弟

ぼくはSNSをやっていませんが、なぜ友だちや知らない人に、とった写真を見せたいのかわかりません。食べものや景色ならいいけれど、だれが見るかわからないし、人の写真は公開しないほうがいいと思います。

人が写るときは写真を加工すればいい

生徒B

ぼくの場合、人が写っている写真は、アプリでモザイク加工などをしてから公開しています。写っていても、どこのだれかがわからないようになっていれば、プライバシーは守られると思います。

一緒に写った写真は仲良しの証明！

生徒C

わたしは、一緒に写っている写真を公開されるとうれしいです。友だちも楽しかったと思ってくれていたんだとわかるし、仲がいいと思ってくれていることを実感できるからです。

▶ みんなでとる写真は、友だちとの友情の証！

池上先生のまとめ

個人情報を公開されたくない人を守るために、「プライバシーの権利」という新しい権利が認められています。この権利は、近年、情報に関する技術が進んだことで誕生しました。

情報化が進んで登場した人権

多くの情報が手に入る社会になって、主張され始めた権利があります。

情報の公開を求める「知る権利」

主権者である国民が政治について正しい判断をするためには、さまざまな情報を知ることが大切です。そのために、必要であれば、国や地方公共団体に対して、行政文書などの公開を請求できます。これが「知る権利」です。

新聞やテレビなどの報道も、国民の知る権利を支えています。

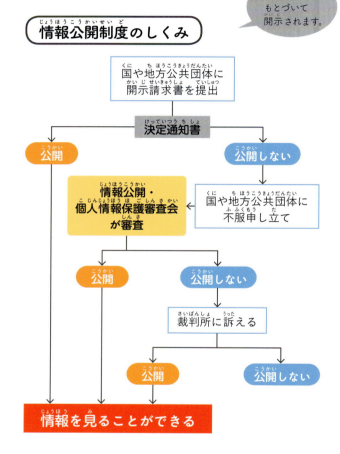

情報公開制度のしくみ（情報公開法にもとづいて開示されます。）

国や地方公共団体に開示請求書を提出 → 決定通知書 → 公開／公開しない → （公開しない場合）情報公開・個人情報保護審査会が審査 → 公開／公開しない → 国や地方公共団体に不服申し立て → 裁判所に訴える → 公開／公開しない → 情報を見ることができる

ヒント1 個人の情報を守る「プライバシーの権利」

人に知られたくないことを、報道によって公開されてしまうと、その人に不利益や苦痛が生じます。そこで、個人が私生活などの情報を許可なく公開されないように、「プライバシーの権利」が認められるようになりました。勝手に写真を撮られたり、公開されたりしない「肖像権」などもこれにあたります。

くわしく　個人情報保護制度：国や地方公共団体、民間企業が、個人情報を慎重に管理することを義務づける制度。

SNS・スマホを使うときの注意

SNSやスマホは便利ですが、気づかないうちにほかの人の権利を侵害していることがあります。

著作権や肖像権を侵害していませんか？

携帯電話やスマートフォンで撮影を楽しむ人は多いでしょう。それらをSNSで公開する人もいます。しかし、その行為がだれかを傷つけたり、**肖像権の侵害**につながることがあります。また、ウェブ上の文章や作品を無断で使用すると、**著作権（自分の作品を許可なく利用されない権利）の侵害**になります。

▲ラインの画面（イメージ）。グループをつくって、複数の人と同時にメッセージのやりとりをすることができる。

こんな行為は著作権・肖像権の侵害

本や雑誌を撮影
本や雑誌の記事には著作権があります。撮影して許可なくSNSなどで公開することは、著作権の侵害になります。

有名人を撮影
偶然見かけた有名人を無断で撮影したり、写真をブログやSNSにのせるのは肖像権の侵害です。

友だちを撮影
たとえ友だちであっても、撮影した写真を許可なくウェブ上に公開することは、肖像権の侵害です。

美術作品を撮影
絵画や美術品にも著作権があります。各美術館で設けられている撮影ルールに従いましょう。
※展示内容によっては撮影できる場合も。

キャラクターの使用
アニメのキャラクターなど、作者がいる作品には著作権があります。許可なくコピーしてはいけません。

音楽や文章の使用
アーティストの音楽をネットで流して大勢に聞かせたり、だれかが書いた文章をコピーしてのせるのは著作権の侵害です。

> くわしく　SNS：ソーシャル・ネットワーキング・サービスの略。人と人とのつながりや、交流をサポートするためのウェブサービス。

| 解説編 |

ほかにはどんな新しい人権があるの？

日本国憲法ができて70年、時代の流れに合わせて憲法にはない新しい人権が誕生しました。

良好な環境を求める「環境権」

1960年代以降、日本は経済的に豊かになりましたが、新たに環境汚染という問題が出てきました。人間らしい生活には、きれいな空気や水、住む環境が重要だという認識が生まれ、「環境権」が主張されるようになったのです。日あたりの確保を求める「日照権」もその一つです。

▶22階建てマンションの建設時、日照権が問題となったときの新聞記事。
（東京新聞 2010年6月29日付）

個人が自由に生き方を決める「自己決定権」

生き方や暮らし方、家族のあり方など、一人ひとりの意思が尊重される権利を「自己決定権」といいます。臓器提供の意思表示や、病院でのインフォームド・コンセントも自己決定権を尊重するものです。
しかし、尊厳死や安楽死など、権利として認めるには慎重な議論が必要なものもあります。

医者や弁護士に、自分がどんな症状で、何が不安なのか、などをきちんと伝えることも大切です。

MEMO　インフォームド・コンセント
医療において重視されている考え方。医師が、治療や手術の前に、患者に十分な説明や情報を提供したうえで、その治療方針に患者が同意すること。

▲臓器提供意思表示カードの表面。
（日本臓器移植ネットワーク）

《 1．2．3．いずれかの番号を○で囲んでください。》
1. 私は、脳死後及び心臓が停止した死後のいずれでも、移植の為に臓器を提供します。
2. 私は、心臓が停止した死後に限り、移植の為に臓器を提供します。
3. 私は、臓器を提供しません。
《 1又は2を選んだ方で、提供したくない臓器があれば、×をつけてください。》
【 心臓・肺・肝臓・腎臓・膵臓・小腸・眼球 】
〔特記欄：　　　　　　　　　　　　　　〕
署名年月日：　　　　年　　月　　日
本人署名（自筆）：
家族署名（自筆）：

（日本臓器移植ネットワーク）

▲臓器提供意思表示カードの裏面。本人の署名が必要。親族への優先提供の意思も記入できる。

くわしく　日照権：高層ビルやマンションを建てる際、周辺の日あたりが妨げられないように考慮することを求める権利。

〈第5章〉
性の多様性とジェンダー

この章のポイント
男女の枠にとらわれず
一人ひとりの性や個性を
尊重する大切さを学びましょう

| 導入編 |

友だちの好きな人を知っちゃった…

ラブラブな登下校を見て、友だちにも好きな人を聞いてみたら…。

| 実践編 |

友だちの好きな人を知っちゃった…

論点

女の子が女の子を好きってあり？
なんて言ったらいいの？

好きになるのは異性だけだと思ってた

わたしの好きな人は男子なので、当然、りんちゃんの好きな人も男子だと思っていました。わたしも同性の友だちのことは好きだけど、その気持ちは恋愛感情ではないと思うし…。

あおい

▲友だちの好きな人が同性である自分だったことに驚いてしまいます。

気持ちを受け入れてくれるだけでいい

くわしく見てみよう！ ★1

あおいちゃんへの「好き」は、ほかの同性の友だちを好きな気持ちとはちがいます。これまで両親にも言えずにいましたが、勇気を出して伝えました。

▲同性のあおいさんに対して、自分の素直な気持ちを伝えました。

りん

---

1 日本国憲法
2 基本的人権
3 グローバル社会と人権
4 新しい人権
5 性の多様性とジェンダー

同性恋愛はめずらしくない

生徒A

同性が好きなことを公表している芸能人をよくテレビで見かけるので、同性同士の恋愛はめずらしくないイメージです。少数かもしれないけれど、好きになるのは自由だと思うし、とくに驚きません。

同性への気持ちは友情やあこがれ？

生徒B

わたしには彼氏がいますが、部活の同性の先輩にもあこがれています。それも、同性を好きということになるのでしょうか。友情の「好き」と恋愛の「好き」のちがいはどこにあるのでしょう。

▶ 彼氏がいる女の子でも、同性の先輩にあこがれることもあります。

告白されたら素直にうれしい

生徒C

「好き」という気持ちはうれしいので、同性でも告白されたら「ありがとう」と言います。ぼくは女性が好きなので恋人にはなれないけど、相手にも正直な気持ちを伝えて、変わらず友だちでいたいです。

異性に興味がありません

生徒D

ぼくは異性に対して、「かわいい」や「好き」などといった気持ちが全く持てません。だから、だれもが必ずしも異性に興味があるとは限らないと思います。ただ、人には言えずにいます。

▶ 女の子の好きな人は、イケメン＝男子と思い込んでしまいます。

池上先生のまとめ

このように、性のあり方は人それぞれです。少数派の人たちがいることを理解し、お互いの考え方や感じ方を認めることが大切です。

| 解説編 |

性の多様性と現代社会

人間の性は本来、とても複雑です。さまざまな性について知っておきましょう。

LGBTってどんな人?

人間の性は、身体で男女に分けられることが多いですが、実際には多様な性があります。
身体の性、心の性、好きになる対象で性をとらえた場合、少数派はLGBTと表現されます。多い少ないに関わらず、すべての人が自分らしい人生を送れるように、社会全体の理解が必要です。

性同一性障害とXジェンダー

身体の性と心の性がことなるトランスジェンダーは、医学的に「性同一性障害」と診断されます。
LGBT以外にも、男にも女にも違和感があるXジェンダーなど、さまざまな性の人たちがいます。だれもが自分らしく過ごせる環境づくりが必要です。

日本と世界の結婚制度のちがい

世界を見ると、法律上の同性婚を認めている国は20以上ありますが、日本では認められていません。そのため、同性カップルが人生を共にするうえで、家の賃貸契約や病院の面会を断られるなどの問題があります。最近では、「同性パートナーシップ証明書」を発行する自治体も出てきました。

LGBTとは

L レズビアン
女性を好きになる女性

G ゲイ
男性を好きになる男性

B バイセクシャル
男女どちらも好きになる人

T トランスジェンダー
身体の性と心の性に差がある人

本人が望む性別の制服や、体操着の着用を認める学校もあります。

MEMO 性同一性障害の性別取扱いの特例に関する法律

性同一性障害をかかえる人が、一定の条件を満たせば、生まれたときに記された戸籍上の性別を変更できるようになりました。

▲「パートナーシップ証明書」を手に区役所を出る同性カップル。

くわしく▶ 同性パートナーシップ条例:同性カップルが戸籍上の夫婦と同等の扱いを受けられるように、東京都渋谷区で成立した条例。

ジェンダー社会への取り組み

現代社会では、性に関係なく、一人ひとりの個性や生き方が尊重されるようになってきました。

ジェンダーって何？

身体の性別ではなく、社会的・文化的に意味づけられた性別を「ジェンダー」と言います。よく意識されるのは「男らしく」、「女らしく」という考え方です。しかし実際は、男でも女でもいろいろな人がいます。ジェンダーの枠に合わせて「男らしく」「女らしく」しようとすることが、生きづらさにつながることもあります。

▲かつてランドセルは「男の子は黒」「女の子は赤」が定番だったが、現代はさまざまな色から選ぶようになった。

男性と女性の役割分担の変化

かつて、家族における男女の役割分担は、「男性は外で働き、女性は家庭を守る」という考え方が主流でした。しかし近年は、家事をする男性や、結婚後も働く女性が増えています。性別によって役割を分担するよりも、一人ひとりの個性や能力を大事にしようという流れに変わりつつあります。

働く女性が増えてきて変わったこと

政府は日本の成長戦略の一つに「女性の活躍」を掲げています。しかし、働く女性が増えている一方で、男性に比べると責任のある地位に就いている女性が少ないことが課題となっています。子どもが小さいあいだは仕事を休める育児休暇の取得や、保育所の設置など、仕事と子育てを両立できる環境づくりが必要です。

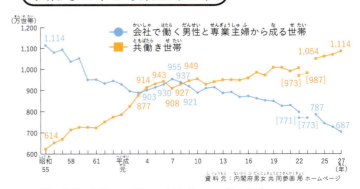
▲共働き世帯の割合は、平成15年以降、ほぼ増加傾向にある。

くわしく 男女共同参画社会基本法：1999（平成11）年、男性も女性も家庭や地域で対等に活躍できる社会を目指して制定された。

さくいん

あ
- アメリカ合衆国憲法 …… 12
- 安保法 …… 14
- インフォームド・コンセント …… 38
- SNS …… 37
- Xジェンダー …… 44
- LGBT …… 44

か
- 環境権 …… 38
- 基本的人権 …… 20, 21
- 基本的人権の尊重 …… 12, 20
- 基本的人権を守るための権利 …… 21
- 義務教育 …… 21
- 教育を受ける権利 …… 21
- 勤労の義務 …… 22
- 勤労の権利 …… 21
- 軍国主義 …… 12
- ゲイ …… 44
- 経済活動の自由 …… 21
- 憲法改正 …… 13
- 公共の福祉 …… 20
- 国際平和協力法（PKO協力法） …… 14
- 国民主権 …… 12, 13
- 国民の三大義務 …… 22
- 国連平和維持活動 …… 14
- 個人情報保護制度 …… 36
- 子どもの権利条約 …… 20

さ
- 参政権 …… 21
- 自衛隊 …… 14
- ジェンダー …… 45
- 自己決定権 …… 38
- 社会権 …… 21
- 自由権 …… 21
- 肖像権 …… 36, 37
- 情報公開制度 …… 36
- 知る権利 …… 36
- 身体の自由 …… 21

た
- 請求権 …… 21
- 精神の自由 …… 21
- 生存権 …… 21
- 性同一性障害 …… 44
- 世界遺産条約 …… 29
- 世界人権宣言 …… 28
- 世界の三大宗教 …… 29
- 大日本帝国憲法 …… 12, 13
- 男女共同参画社会基本法 …… 45
- 男女雇用機会均等法 …… 28
- 著作権 …… 37
- 同性パートナーシップ条例 …… 44
- トランスジェンダー …… 44

な
- 日米安全保障条約 …… 14
- 日照権 …… 38
- 日本国憲法 …… 12, 13
- 日本国憲法第9条 …… 14
- 日本国憲法第11条 …… 20
- 日本国憲法第26条 …… 22
- 納税の義務 …… 22

は
- バイセクシャル …… 44
- PKO …… 14
- 非核三原則 …… 14
- 平等権 …… 21
- 普通教育を受けさせる義務 …… 22
- プライバシーの権利 …… 36
- 文化の多様性に関する世界宣言 …… 29
- 平和主義 …… 12, 14

や
- UNESCO …… 29

ら
- レズビアン …… 44
- 労働基本権 …… 21

教科書対応表（中学）

この表は、本書で扱っている内容が、あなたの教科書の主にどのページにのっているのかを示しています。
もっと学びたいと思うテーマに出会ったら、教科書を読んで学びを深めましょう。

巻	本書のページ	章のテーマ	教科書対応のページ					
			東京書籍	帝国書院	教育出版	日本文教出版	清水書院	育鵬社
1	7	日本国憲法	38	36	38	38	30	49
	15	基本的人権	44	42	42	44	34	54
	23	グローバル社会	49	46	49	53	43	68
	31	新しい人権	60	52	56	58	54	76
	39	性の多様性	—	—	—	—	—	—
2	7	選挙	76	68	76	78	64	90
	15	投票	77	68	77	78	64	90
	23	選挙の課題	78	69	77	79	65	91
	31	民主政治	74	60	74	77	60	86
	39	メディアリテラシー	82	62	80	82	62	92
3	7	政党	80	66	78	80	66	88
	15	国会と国会議員	84	70	82	96	74	96
	23	国会の仕事	86	72	83	98	72	98
	31	内閣	88	74	88	100	76	100
	39	地方自治	102	88	106	86	86	112
4	7	裁判所	92	78	94	106	80	104
	15	三審制	93	79	98	106	82	106
	23	刑事裁判・民事裁判	94	78	94	108	80	106
	31	裁判員制度	96	81	100	110	81	108
	39	三権分立	100	84	104	114	70	96
5	7	社会保障制度	150	156	160	164	140	162
	15	少子高齢化	152	157	162	166	141	164
	23	税金	146	148	146	160	134	158
	31	非正規雇用	134	130	157	145	144	142
	39	消費者の権利	122	116	122	124	150	130

NDC 310

12歳からの政治

 いちばん身近な
憲法・人権の話

学研プラス　2017　48P　28.6cm
ISBN978-4-05-501229-4 C8331

池上彰さんと学ぶ 12歳からの政治
1　いちばん身近な憲法・人権の話

2017年2月28日　第1刷発行
2020年7月29日　第6刷発行

監修	池上 彰	ブックデザイン	TRUNK（笹目亮太郎、助川智美）
発行人	土屋 徹	マンガ・イラスト	てぶくろ星人、高村あゆみ
編集人	代田雪絵	原稿執筆	伊藤 睦
編集担当	小野優美	DTP	株式会社四国写研
発行所	株式会社学研プラス	編集協力	株式会社スリーシーズン（藤門杏子）
	〒141-8415　東京都品川区西五反田2-11-8	撮影	布川航太
印刷所	大日本印刷株式会社、トッパンコンテナー株式会社	写真協力	アフロ、東京新聞、日本臓器移植ネットワーク

● この本に関する各種お問い合わせ先
本の内容については、下記サイトのお問い合わせフォームよりお願いします。
https://gakken-plus.co.jp/contact/
在庫については　Tel 03-6431-1198（販売部直通）
不良品（落丁、乱丁）については　Tel 0570-000577
　学研業務センター　〒354-0045 埼玉県入間郡三芳町上富279-1
上記以外のお問い合わせは Tel 0570-056-710（学研グループ総合案内）

©Gakken
本書の無断転載、複製、複写（コピー）、翻訳を禁じます。
本書を代行業者などの第三者に依頼してスキャンやデジタル化することは、たとえ個人
や家庭内の利用であっても、著作権法上、認められておりません。

学研の書籍・雑誌についての新刊情報・詳細情報は、下記をご覧ください。
学研出版サイト　https://hon.gakken.jp/

池上彰さんと学ぶ

12歳からの政治

〈全5巻〉

 いちばん身近な憲法・人権の話

② いちばん身近な選挙の話

③ いちばん身近な国会・内閣の話

④ いちばん身近な裁判の話

⑤ いちばん身近な社会保障の話